Carey sc

PAUL FÉVAL

Publié par Gve HAVARD

Imp Thulengue r du Four S 6, 63. Paris

LES CONTEMPORAINS

PAUL FÉVAL

EMMANUEL GONZALÈS

PAR

EUGÈNE DE MIRECOURT

PARIS

GUSTAVE HAVARD ÉDITEUR

15, RUE GUÉNÉGAUD, 15

L'Auteur et l'Éditeur se réservent tout droit de reproduction.

1856

PAUL FÉVAL

Si la maison Alexandre Dumas et compagnie avait interrompu le cours de ses opérations commerciales, l'écrivain, jeune encore, dont cette notice va retracer la vie, eût été capable de fournir à lui seul, et sans le secours de la plume des autres, une bonne partie de la clientèle de cette immense fabrique de romans.

Paul Féval est une locomotive littéraire, qui a eu pour chauffeur Anténor

Joly, et qui a pris la grande vitesse, grâce au charbon du *Courrier français* et de l'*Époque.*

Mais n'anticipons pas sur notre narration.

L'auteur des *Mystères de Londres* est né dans la vieille capitale de la Bretagne, le 28 novembre 1817. Ses premiers maîtres constatèrent en lui fort peu de goût pour les livres, une grande passion pour le jeu, et une habitude enracinée de l'école buissonnière.

On le plaça très-jeune au collége de Rennes. Féval ne jeta pas un grand éclat universitaire. C'était un enfant chétif et malingre, trop faible pour soutenir par le coup de poing ses inclinations à la moquerie. Ses maîtres ne l'aimaient point; ses camarades le bat-

taient sans cesse. Il a gardé de ce temps
d'oppression des souvenirs qu'il repro-
duit dans ses œuvres sur un ton d'amer-
tume comique.

L'histoire de ce bon monsieur Quandoquidem, auteur du *Cours de thèmes*
et des *Tournures élégantes à l'usage
des élèves de seconde*, est une amusante
et folle histoire.

Quandoquidem était père de douze
enfants rouges. Dédaignant le calendrier
vulgaire, il avait choisi des noms ro-
mains à cette progéniture aussi nombreuse qu'écarlate. Jamais ce noble
pédagogue ne demandait à manger ou
à boire sous la forme de langage usitée
en pareil cas. Plein de dignité dans
l'exercice de ses fonctions, s'il enjoi-
gnait à Féval de se mettre à genoux, il

avait soin, même pour un ordre si simple, de ne pas s'écarter du système des
Tournures élégantes.

« — Prosternez-vous, s'écriait-il, dans
l'attitude-qui-convient à un coupable! »

Et si Paul semblait peu disposé à
obéir, Quandoquidem ajoutait :

« — Je vais implorer l'aide d'un ser-
viteur pour vous expulser par la vio-
lence ; et je saurai bien vous décliner
hordicus au génitif. »

Quand la révolution de juillet éclata,
Féval entrait dans sa treizième année.

Voyant son professeur et ses condisci-
ples arborer la cocarde tricolore, l'im-
prudent collégien, le cerveau chauffé
par des inspirations de famille, s'avisa
d'attacher à sa casquette une énorme
cocarde blanche. Jusqu'alors il s'était

montré légèrement poltron dans les
querelles que lui cherchaient les autres
élèves; mais, cette fois, l'exaltation politique lui inspira un courage vraiment
extraordinaire. Malgré des sommations
réitérées, qu'accompagnaient une grêle
de coups, Féval n'ôta point sa cocarde.

Ne pouvant riposter aux grands vauriens de seconde, il fit consister son hé-
roïsme à tendre le dos, sans se plaindre,
et à recevoir toutes les taloches qu'ils
jugèrent à propos de lui administrer.

Ce carliste intrépide fut retiré du collége par sa mère, sans quoi la France
aurait eu à pleurer sur le sort d'une nouvelle victime de juillet. Madame Féval
emmena Paul dans un vieux manoir ap-
partenant à un membre de la famille, et
perdu tout au fond du Morbihan.

Là ce fut bien autre chose.

Notre jeune adversaire de la branche cadette tombe au milieu des agitations clandestines de la chouannerie. Le château sert de rendez-vous aux conspirateurs. On s'y assemble de nuit, on y fond des balles de calibre. Les hommes paraissent résolus, impatients d'agir, et dans cette Fronde campagnarde, les femmes se montrent plus exaltées encore que les hommes.

Ce mystère, ces dangers, ces alertes frappent vivement l'esprit de Paul. Il obtient la promesse d'une carabine pour aller combattre les bleus, ne rêve que batailles, ne parle que de massacres, et s'avise, un beau soir, d'insulter la maréchaussée, qui venait pour une visite domiciliaire. Les bons gendarmes saisissent paternellement ce morveux à l'oreille, puis le conduisent à sa maman, qui lui ordonne de se tenir sage.

Aucun des projets guerriers de la chouannerie ne reçut son exécution, et le château rentra dans la paix et le silence.

La Bretagne exalte de bonne heure l'imagination de ses enfants par la foi politique et religieuse, par les traditions chevaleresques, vieux récits, chroniques ou légendes, racontés au coin de l'âtre, et que chacun écoute, à cette heure où la lampe privée d'huile va s'éteindre, quand le vent souffle au dehors et semble battre les hautes fenêtres avec l'aile mystérieuse des fantômes.

Voici tout au plus un demi-siècle que ce pays étrange hasarde dans les do-

maines civilisés son pas timide, et déjà
le nombre des conteurs qu'il a fournis à
notre littérature est considérable. Entre
Chateaubriand et Paul Féval, Dieu sait
combien on pourrait en inscrire. Le
héros de cette biographie, comme ses
devanciers, nous est venu, un beau
jour, la tête farcie des légendes natales.
Il nous a raconté ce qu'on lui a dit
là-bas, sous le vaste et sombre manteau
de la cheminée gothique : l'histoire de
la Femme blanche, celles du *Bonhomme
Misère,* du *Joli Château de Coquerel,*
des *Belles de nuit* et du *Maréchal Gille
de Raiz,* cet implacable et barbare époux
que le beau sexe doit maudire.

Grâce à Paul Féval, nous savons que
Barbe Bleue est d'origine armoricaine.

Lorsque notre collégien de treize ans

quittait la veillée pour monter à sa chambre, il avait la tête remplie de terreurs et se couchait avec la fièvre. Si la servante emportait la lumière, Paul sentait un frisson courir par tout son corps; ses dents\claquaient; il lui semblait voir son lit entouré de cierges, et des voix lamentables récitaient à son chevet les versets funèbres du *De Profundis.* Chose bizarre, une de ses cousines, qui occupait avant lui cette même chambre, avait eu des visions analogues. A minuit sonnant, elle apercevait sept chandelles disposées en croix au point central du parquet. De profonds soupirs s'échappaient des murs. Elle croyait entendre un commandement de l'autre monde. Jeune, belle, riche, aimée, elle se fit religieuse.

Paul Féval rentra au collège en 1831 et y resta jusqu'en 1833, toujours chétif, toujours malingre, toujours taquin et toujours battu. Il garde encore sur le cœur les horions que lui distribuaient ses camarades de classe. Afin de se dédommager du passé sur le présent, il rêve qu'il soufflette les personnes dont il peut avoir à se plaindre. Le romancier se croit très-sérieusement casseur de bras et pourfendeur au premier chef.

On le destinait au barreau.

Sa famille est une ancienne famille de robe ; le baron de Létang, son aïeul, fut procureur général à la cour royale de Rennes, et son père, honorable et savant jurisconsulte, mourut en 1827, conseiller à la même cour. Mais les magistrats intègres ne s'enrichissent pas. La maison Féval était pauvre, et la mère du jeune collégien ne pouvait plus soutenir les frais d'éducation de son fils, quand tout à coup la Providence, sous le pli d'une lettre écrite par le chevalier Féval, référendaire à la cour des comptes, envoya trois mille francs destinés à faire commencer à Paul ses études de droit.

A part un prix d'excellence, accroché en seconde, il n'avait pas obtenu de grands succès au collège.

Son imagination trop vive l'éloignait du travail sérieux. Les froids commentaire de Cujas n'allèrent aussi que très médiocrement à sa nature enthousiaste; néanmoins il fut reçu aux examens, conquit la licence, fit son stage, et le

voilà parfaitement libre d'exercer la profession d'avocat.

Il ne manquait plus à Paul que le talent oratoire et une clientèle.

Sa première cause ne se fit pas attendre, une cause magnifique! On le charge
de défendre un villageois Haut-Breton,
accusé du vol de douze volailles, com-
pliqué d'effraction et d'escalade. Féval
repasse dans sa tête tout ce que ses hu-
manités lui ont appris des harangues
de Démosthènes; puis le grand jour de
l'audience venu, il présente la défense
du voleur de poules avec une gravité
solennelle et sous les formes de langage
les plus pompeuses. Quandoquidem eût
été dans le ravissement.

Le discours de Paul est divisé en trois
points; mais au milieu du premier, les

juges se trouvent saisis d'une hilarité subite.

— Assez, maître Féval, assez ! dit le président. La cause est entendue.

— Bon ! pense Paul, je les fais rire, ils sont désarmés.

— Qu'avez-vous à ajouter pour votre défense ? demande le président au villageois amateur des volailles d'autrui.

Le coupable, excité sans doute par le succès de son avocat, et voulant à son tour égayer les juges, entame une dissertation savante et très-complète sur l'art de voler des poules sans les faire crier. De son banc, Féval lui adresse en vain des signes ; l'obstiné paysan ne le comprend pas ou ne veut pas le comprendre. Il développe avec orgueil sa théorie curieuse aux magistrats, à l'au-

ditoire, aux gendarmes, et se moque de
la pantomime désolée de son défenseur.

Émerveillée de la science du larron,
mais ne jugeant pas à propos de lui
en laisser aussi publiquement expli-
quer les doctrines, la cour le con-
damne au maximum de la peine.

Féval au désespoir déchire sa robe,
jette sa toque par-dessus les moulins, et
tourne les yeux du côté de Paris.

C'est là qu'il doit venger l'humilia-
tion faite à son éloquence, et briller dans
une autre carrière, celle des lettres,
pour laquelle il se sent un goût décidé.

Mais il est impossible qu'on lui vienne
en aide efficacement dans ces nouveaux
débuts. Paul a pris au fond de l'urne de
la conscription un numéro détestable.
L'achat d'un remplaçant épuise les der-

nières ressources maternelles, et le référendaire à la cour des comptes n'aidera certes pas son petit-cousin à déserter le barreau pour les lettres.

Qu'importe? à vingt ans, avec une tête bretonne, on ne connaît pas d'obstacles.

Féval s'empresse d'écrire à un autre membre de la famille, président au tribunal de commerce de la Seine. Il lui demande sa protection pour obtenir une place. La réponse ne se fait pas attendre. On offre au jeune homme un modeste emploi de commis dans une maison de banque. Il accepte, embrasse sa mère, dit adieu à ses sœurs, prend cent écus qu'on parvient à réunir encore, monte en diligence et débarque à Paris.

Il est sur-le-champ mis en possession de la bienheureuse place.

Mais, au lieu de s'occuper des bordereaux et du soin des registres, notre apprenti banquier se livre à la lecture des romans. On lui saisit un jour entre les mains un livre de Balzac, ouvert à un chapitre abominable. Notre grand peintre de mœurs osait y donner une analyse très-exacte, très-vive et surtout très-satirique des *commissions* et des *comptes de retour.*

Chez un banquier, jugez de l'esclandre !

A la vue de ces pages sacriléges, le chef de correspondance pâlit, le teneur de livres se voile la face, le caissier fait un geste d'épouvante, et les expéditionnaires croient aux approches de la fin du monde.

Paul Féval est à l'instant même chassé de la maison de banque.

Dix louis lui restent en poche. Avec un peu d'ordre, cette somme peut le conduire loin. Pourquoi ne pas mettre sur l'heure à exécution ses projets littéraires? Il achète une rame de papier, des plumes, une bouteille d'encre, s'enferme résolûment dans un galetas, au sixième étage, et commence... une tragédie!

Ce sera l'éternel chemin des écoliers, le plus long sans contredit et le plus absurde.

Notre héros avait déjà bâti la moitié d'un acte, lorsqu'un de ses anciens amis de collége, étudiant en médecine, frappe à sa porte, entre, d'un air effaré, lui annonce qu'il doit sans plus de retard payer une dette d'honneur, et lui emprunte sa bourse entière, avec promesse de rendre le lendemain ce qu'il lui emporte: Féval garde seulement quarante sous pour sa nourriture du jour.

Le lendemain, son ami ne paraît pas. Au lieu de dîner, Paul achève le premier acte de sa pièce; mais le jour suivant, son estomac lui prouve que des rimes tragiques ne sont pas une alimentation suffisante. Il jette la plume et court chez l'emprunteur.

Celui-ci a l'indélicatesse de lui rire au nez, et ne tient nul compte de ses réclamations.

Féval se fâche, il y avait de quoi! Justement c'était un des élèves qui lui administraient jadis le plus de bourrades. Notre héros, pour lui apprendre comme on rend ce qu'on vous prête, lui appliqué une magnifique paire de soufflets.

Ils vont sur le terrain.

Le bon droit triomphe, et l'adversaire de Paul reçoit une balle dans la cuisse.

Mais, en attendant, la somme n'est pas rendue ; le blessé déclare d'un air narquois à son compatriote qu'il la garde pour payer les visites du chirurgien.

Ce procédé sans nom valut à son auteur le mépris de tous les étudiants de Rennes. Ils prirent Féval avec eux, le secoururent dans sa détresse, l'encouragèrent au travail, lui firent place au feu et à la table, et ne souffrirent même pas qu'il versât dans la caisse

commune les modestes subsides que lui
envoyait sa bonne mère.

Pendant neuf ou dix mois, il mena
une vie charmante, dégagée de soucis.

L'inspiration allait grand train.

Quand les étudiants partirent en va-
cances, Féval avait terminé les cinq ac-
tes de sa tragédie, sans parler d'une
foule de poésies fugitives et d'articles
de genre, qu'il espérait bien publier dans
les journaux. Il vit donc sans trop d'in-
quiétude le départ de ses amis, et s'oc-
cupa du placement de ses productions
littéraires.

Hélas! hélas! combien peu dura son
illusion!

Le chef-d'œuvre tragique n'obtient pas
même une lecture. On repousse chez les

éditeurs ses poésies fugitives, et les journalistes lui déclarent que leurs cartons regorgent de copie.

Néanmoins il s'obstine à demander à la littérature une position sociale, ou, pour mieux dire, du pain.

Feuilletant, un jour, les *Petites-Affiches*, il voit qu'un monsieur réclame un associé pour fonder une feuille hebdomadaire. Paul court à l'adresse indiquée. Ce monsieur lui insinue que, par un procédé dont il est l'inventeur, il y a nécessairement à conquérir une position magnifique dans les lettres, pour lui d'abord et pour l'associé qu'il demande à s'adjoindre. Mais il faut que cet associé verse un cautionnement de quatre cent francs, sinon rien ne sera conclu.

Aussitôt le jeune homme écrit à ses

sœurs une lettre, où il fait briller dans
tout leur éclat ses espérances d'avenir,
et les excellentes filles lui envoient jusqu'au dernier sou leurs modestes éco-
nomies. Les quatre cents francs sont
portés au monsieur, qui nomme Paul
rédacteur en chef, gérant, directeur et
même caissier du journal futur. Mais
avant tout, le prudent personnage sau-
ve la caisse, et notre candide Breton
n'a rien à rédiger ni rien à garder.

Ceci lui parut infiniment plus fort que
les comptes de retour et que le procédé
de son emprunteur.

Désenchanté de la carrière du journalisme, ne plaçant pas une traître ligne
de ses œuvres, ayant tout au plus en
poche de quoi vivre trois semaines, Féval a recours une seconde fois aux *De-*

mandes et offres de la feuille dange-
reuse qui l'a fait tomber dans un premier
panneau. Seulement il a soin de ne
plus s'arrêter aux articles qui parlent de
cautionnement.

« *Une compagnie d'affichage demande
un employé intelligent et de bonne tenue.* »

Voilà son affaire ! Il se présente, le
soir même, au bureau de la direction. Sa
tenue paraît convenable, son intelligence
suffisante, et, sans exiger aucune espèce
de cautionnement, sur sa mine seule,
on lui donne un emploi tout de con-
fiance, qui consiste à inspecter les
murs de la capitale, et à désigner les
endroits propices à l'affichage.

Féval s'acquitta de cette mission avec
beaucoup de zèle.

Mais la compagnie renvoyait habituel-
lement son employé, le jour où il de--
mandait ses honoraires, et notre ins-
pecteur des murailles parisiennes fut
congédié sans recevoir un sou.

Décidément le pauvre garçon n'avait
pas de chance, ni pour ses débuts littéraires, ni pour ses débuts industriels.

Enfin la fortune semble se montrer,
à son égard, un peu moins revêche. Il
entré, en qualité de commis, chez le gérant de vingt sociétés en commandite, au
capital de huit, dix, vingt et trente millions. C'était un véritable Crésus moderne qui possédait quatorze maisons
sur le pavé de Paris, avait dans son an-
tichambre dix nègres habillés de blanc,
et passait pour un des princes de la
Bourse. Féval, chez ce nabab, doit tou-

cher des appointements annuels de douze cents francs. Il ne touche que le premier mois.

Son patron, dans l'intervalle, achève de manger treize millions en nègres, en huîtres, en femmes, en chevaux et en flatteurs.

Que devenir? où trouver une autre planche de salut? Paul commence à croire qu'il eût été sage de ne point quitter Rennes, et de continuer à y faire condamner les voleurs de poules. Cependant il songe à un troisième cousin de sa famille, M. de Maisonneuve, chef de division au ministère des travaux publics et du commerce. Il lui demande un emploi un peu plus stable que tous ceux qu'il a trouvés jusqu'à ce jour; mais n'ayant point osé dévoiler toute la pro-

fondeur de sa détresse, il reçoit, au
bout de deux jours, sa nomination offi-
cielle à une place de.... surnuméraire.

Comment accepter? Paul en est à son
dernier écu.

Sa montre, ses habits, son linge, ses
livres, tout est vendu ou mis en gage.
Honteux de son insuccès, il n'ose pas
retourner en Bretagne, où sa mère le
rappelle. Bien décidé à ne plus lui être à
charge, il reste à Paris, dans un état de
misère d'autant plus affreux, qu'il apporte à le cacher tous les soins de son
orgueil. Le chagrin l'accable, le ma-
rasme le consume; il se nourrit de fièvre et de désespoir.

Une dernière tentative auprès des
journaux reste sans résultat.

Féval, à cette époque, avait en portefeuille une partie des œuvres qui, depuis, ont obtenu un succès mérité.

Malheureusement, l'Éthiopien Dumas accaparait déjà toutes les issues du feuilleton, grâce à la troupe nombreuse de ses collaborateurs, autres nègres, qui lui piochent la phrase, lui labourent le chapitre, et lui abandonnent lâchement toute la récolte de volumes et de renommée.

Paul ne réussit pas même à faire lire un seul de ses manuscrits.

L'âme brisée, le découragement au cœur, n'ayant rien dans l'estomac depuis deux jours, il prévient, un soir, son concierge qu'il n'est chez lui pour personne, et monte, chancelant de faiblesse, l'escalier qui mène à sa mansarde[1].

[1] Il habitait alors rue de la Cerisaie, aux environs de la Bastille.

On ne le voit pas descendre, le lendemain.

Toute la journée s'écoule, et l'idée d'un suicide traverse l'esprit du concierge. Il monte les six étages, frappe à la porte, n'obtient aucune réponse, approche son oreille de la serrure, n'entend aucun bruit, et donne l'alarme.

La porte est ouverte.

On aperçoit Paul couché sur son lit sans mouvement et presque sans souffle.

Du reste, ni réchaud qui indique l'asphyxie, ni fiole de poison, ni pistolets à terre, ni sang répandu.

Nos lecteurs ne sont pas sans connaître une lithographie navrante, qui a pour titre *le Dernier morceau de pain*. Dans une chambre désolée, où se trouvent pour uniques meubles un lit de

sangle, une vieille chaise, un chevalet
et une boîte de peintre, on voit sur le
grabat de la misère, un jeune artiste dont
le bras amaigri partage sa dernière bou-
chée avec un chien, son fidèle et malheureux commensal. Paul s'est aban-
donné comme lui à la volonté de Dieu,
et la mort accomplit lentement son œuvre.

Il y a sur le matelas du jeune homme
une *Imitation de Jésus-Christ*, encore
ouverte, seul et dernier livre qu'il n'ait
point vendu.

On appelle en toute hâte un médecin
du voisinage. Il dit au concierge et à
quelques locataires empressés autour de
Féval, dont l'état semble braver tous
les soins :

— Eh! ce n'est pas de maladie, c'est d'épuisement et de faim que ce jeune homme se meurt!

Un cri général accueille cette révélation. Chacun s'agite. En un clin d'œil le poêle s'allume ; du bouillon chauffe sur une lampe ; on apporte une bouteille de vin généreux, et l'on couvre d'un édredon les pieds refroidis du triste écrivain. Lorsqu'il reprit ses sens, il aperçut une femme, une voisine jeune et belle, en train d'exercer à son chevet le rôle d'ange sauveur. Il voulut la remercier, elle lui ferma la bouche de sa blanche main.

Deux jours après, quelques bons repas aidant, Paul, remis sur pied, trouva du *Nouvelliste* un emploi de correcteur.

et parvint à glisser dans ce journal plusieurs articles dont le talent fut re-
marqué.

Quatre ou cinq entrepreneurs de li-
brairie lui firent des offres; ils lui com-
mandèrent de la prose à la toise pour
les *Recueils encyclopédiques* ou pour
les *Dictionnaires de conversation*.

Féval reçut, en outre, de quelques
vaudevillistes de troisième ordre une
autre espèce de commande. Ces messieurs le priaient de leur composer,
au tarif de cent sous l'acte, des cou-
plets destinés au théâtre du Panthéon.
Une pièce tout entière pour Lazari lui
fut, un jour, payée jusqu'à vingt francs
par un auteur dramatique désireux de
se produire.

3

Le pain quotidien se trouvait au bout
de ces obscurs travaux.

Dans ses veilles actives, Féval s'occupait d'œuvres plus importantes. Huit
volumes de romans au grand complet
n'attendaient plus que le bon vouloir
des journaux.

Souvent il voyait paraître au seuil de
de sa mansarde, comme une étoile ra-
dieuse qui lui apportait l'espoir, cette
jeune et jolie voisine dont les soins
l'avaient sauvé. Notre écrivain lui lisait
ses livres. Puis on causait d'avenir, et
un peu de sentiment, car l'amour, on le
devine, était né de la reconnaissance [1].

---

[1] Paul avait rencontré cette douce compagne aux
portes de la mort, ce fut aux portes de la mort qu'il
la quitta. Seulement les rôles étaient changés ; son
ange libérateur le laissa sur la terre dans le deuil et
l'affliction.

Quand sa chère visiteuse était partie, l'homme de lettres reprenait la plume.

Un jour enfin, *la Revue de Paris* accueille un de ses articles, *le Club des Phoques*. Le succès avéré de ce récit original lui ouvre presque aussitôt les colonnes du *Commerce*, puis celles de *la Sylphide*, où il donne *les Chevaliers du Firmament*.

Pour le coup, notre héros est lancé.

D'autres portes lui sont presque immédiatement ouvertes. Il entre à *la Quotidienne*, à *la Chronique*, à *la Mode*, à *la France maritime*, et le feuilleton curieux du *Loup blanc*, dans *le Courrier français*, achève de le poser comme un romancier de mérite.

A cette époque, existait une sorte de commissionnaire en littérature, qui se

chargeait, moyennant une honnête re-
mise, du placement des œuvres d'autrui; fournissait les journaux, et ne
manquait pas d'un certain flair pour
deviner le talent chez les jeunes écrivains. Cet habile négociateur se nommait
Anténor Joly. Paul, un jour, le voit en-
trer dans sa chambre.

— Connaissez-vous Londres? lui demande Anténor.

— Fort peu, répond Féval.

— Et la littérature anglaise?

— Beaucoup.

— Je m'en doutais. Vous êtes notre
homme, et vous allez sur-le-champ, sans
retard, écrire pour le *Courrier* les quatre premiers chapitres des *Mystères de
Londres*.

— Y songez-vous? c'est impossible.

— Rien n'est impossible en littérature par le temps qui court. Il faut commencer, vous dis-je.

— Mais...

— Pas de réplique! Çà, voyons, que faites-vous là?

— Un roman, *les Compagnons du Silence.*

Anténor s'approche du bureau de Féval, saisit quelques pages fraîchement écrites, les parcourt, jette un cri, lève les bras à chaque ligne, et s'écrie tout joyeux :

— Mais les voilà !... nous les tenons !

— Quoi donc? dit Féval.

— Nos *Mystères*, mon ami, nos *Mystères!...* eh! parbleu, c'est cela même !... Des noms anglais au lieu de noms français, de la bière au lieu de vin bleu, et

nous sommes en Grande-Bretagne! Il
faut que le premier feuilleton paraisse
demain.

— Ah! çà, dit Féval, est-ce une plai-
santerie?

— Je ne plaisante jamais en affaires,
répond Anténor, jetant sur la table deux
billets de banque.

Paul ouvre de grands yeux et se
trouve disposé tout naturellement à
prendre la chose au sérieux.

— N'est-il pas nécessaire que j'aille
visiter Londres? demande-t-il.

— Commençons! commençons! Vous
irez plus tard.

Seulement alors son interlocuteur lui
fait connaître pour quel motif le *Courrier
français* désire une telle promptitude.
Depuis le retentissement énorme des *Mys-*

tères de Paris, les directeurs de cette feuille périodique ne dorment plus. Voulant obtenir, eux aussi, dans leurs colonnes un succès de feuilleton, ils ont chargé M. Joly, l'homme aux expédients rapides, de passer le détroit, de s'entendre avec un écrivain d'Outre-Manche et de rapporter, coûte que coûte, les *Mystères de Londres*. Par malheur, Anténor s'adresse mal. Son Eugène Sue britannique lui broche une œuvre lourde et indigeste, qui est loin de remplir le but que se propose la direction. Comment se tirer de ce pas difficile ? A grand renfort de coups de tam-tam, on a prévenu les abonnés que le manuscrit des *Mystères de Londres* était dans les bureaux, et l'on a même fixé le jour de la publication. Impossible de reculer. Tout serait perdu.

— Allons, allons, dit Anténor, laissez-moi faire !

Il court chez Féval, — et l'on sait à présent comme ce galant homme traitait la littérature.

— Vous vous appellerez sir Francis Trolopp [1], dit-il au jeune auteur. Tout le succès, vous devez le comprendre, est dans le pseudonyme. C'est une garantie de couleur locale. Voyons, la plume à la main, vite ! Nous n'avons pas une minute à perdre.

Paul Féval publie une quinzaine de chapitres, à tâtons et à tout hasard,

[1] Quand Féval, plus tard, voulut revendiquer l'œuvre et signer la deuxième partie, il eut beaucoup de peine à faire accepter ce changement de nom. Le public tenait à l'auteur anglais.

sans avoir passé la Manche. Son premier volume terminé, le *Courrier français* lui ouvre sa caisse, et l'envoie à Londres, les mains pleines d'or. Le malheureux homme de lettres que nous trouvions tout à l'heure étendu sur un grabat, mourant de faim, voyage aujourd'hui comme un prince. Il a trois secrétaires, des domestiques, maison complète.

Son voyage fait du bruit.

Une police tout entière est à ses ordres, explorant les tavernes de Londres, les rues, les carrefours, les bouges les plus infects de la Cité.

D'autres agents, d'un ordre supérieur[1], lui ouvrent la porte des cercles aristocratiques. On le présente à toutes les

---

[1] Quelques-uns de ces hommes étaient payés, dit-on, jusqu'à cinquante francs par jour.

sommités gouvernementales et financiè-
res. Bref, il voit tout, connaît tout, pé-
nètre partout, et revient avec un très-
joli bagage de notes sur les habitudes,
les mœurs et les coutumes de la fière
Albion.

De ce moment datent les véritables
Mystères de Londres, et le livre se res-
sentit de l'expérience acquise par l'auteur.

C'est une œuvre considérable par ses
dimensions, bien conduite et bien sou-
tenue. Paul Féval s'y révèle avec toutes
les qualités et tous les défauts de son talent. Écrivain d'une imagination vive, co-
lorée, puissante; conteur habile, cha-
toyant, intarissable, il est maître de tous
les fils de sa trame, et tient en main
comme un réseau dont il enveloppe le

lecteur, les mailles les plus serrées de l'intérêt. Malheureusement Féval n'a pas là distinction du style. Ses pages les plus remarquables, comme coloris et comme imagination, manquent presque toujours, il faut le dire, de cette fleur délicate du sentiment, de ces étincelles radieuses de l'esprit qui sont les dons les plus rares accordés par le ciel à un écrivain.

Le roman des *Amours de Paris* succéda aux *Mystères de Londres*, et le nom de Féval devint populaire.

Il fut le romancier de prédilection du journal l'*Époque*, fondé en 1846, et dont Anténor Joly administrait le rez-de-chaussée. Dire ce qu'il y eut alors de réclames étourdissantes et de coups de grosse caisse en faveur de notre héros serait une chose impossible. Tous les murs de

Paris étaient couverts de placards énormes, où le nom de Féval et le titre de ses
œuvres se lisaient en lettres triomphales.

Nous ignorons s'il avait inspecté lui-
même les endroits propices à l'affichage.

On se souvient de la mascarade ridicule qui, un jour de mardi gras, se pro-
mena de la Magdeleine à la Bastille, en
l'honneur du *Fils du Diable*, ce roman
pour lequel le charlatanisme enfourcha,
six mois durant, la croupe de l'annonce et fit saigner les flancs de la
réclame à coups d'éperons [1].

[1] Notre romancier portait alors jusque dans son
cabinet de travail la fureur de la mise en scène. Un
éditeur le surprit, un jour, vêtu d'un costume complet de paysan breton, avec la perruque longue re-
tombant par derrière, le large chapeau sur la tête et
les pieds dans d'énormes sabots. Il dictait à son se-

Ici commencent les torts du jeune écrivain. Il ne profita point de la chance inattendue, par laquelle il venait d'être mis en relief, pour se livrer au travail sérieux, pour conquérir des succès durables. Ayant découvert un filon d'or, il se crut en possession des mines du Potose ; il donna des fêtes, mena grand train, eut des chevaux à l'écurie, des flatteurs au salon, oublia qu'il avait mangé le pain de la misère, et se lança, pour couvrir d'inutiles dépenses, dans l'exploitation folle et illogique de la plume.

crétaire une nouvelle bretonne, et prétendait qu'affublé de la sorte, il avait un sentiment beaucoup plus exquis de la couleur locale. Aujourd'hui encore, on affirme que, dans son cabinet, meublé avec beaucoup de recherche, on voit souvent traîner sur les tapis une paire de sabots. Ces vulgaires chaussures seraient-elles véritablement pour lui des instruments d'inspiration ?

On le poussait de plus en plus chaque jour sur cette route fatale.

Paul se crut un Dumás au petit pied. Seulement, comme il n'avait point de collaborateurs, comme il traînait ses wagons littéraires avec sa propre locomotive, il ne put soutenir l'absurde vitesse que le *Courrier français* d'abord, et l'*Époque* ensuite [1] voulurent lui imprimer.

La locomotive sauta.

Notre jeune romancier dit à qui veut l'entendre que la révolution de 1848 a coupé les rails, et que cette raison seule l'empêche de poursuivre sa carrière avec le même bonheur[2].

[1] Féval publia aussi dans les *Débats* un feuilleton qui a pour titre *la Quittance de minuit*.

[2] Il manifesta sa rancune en écrivant une histoire burlesque de la république, et en refusant avec obsti-

Ceci est une opinion tout à fait personnelle et que peu de gens partagent. Le succès véritable n'a point de ces ralentissements absolus. Février sans doute ne peut être représenté comme une époque de renaissance et de noble encouragement pour les lettres ; mais l'écrivain qui n'est pas dans des conditions anormales se transforme, et ne laisse en aucun temps sa renommée décroître.

Paul Féval accuse la république, il ne doit accuser que lui-même et son commissionnaire en littérature.

nation de servir dans la garde nationale. Ce qu'il fabriqua de lignes à l'hôtel des *Haricots* est incalculable. Les persécutions de son sergent-major, la décadence de sa renommée, le peu de réussite de ses drames, tout contribuait à lui donner le spleen. Il maigrissait à vue d'œil et tombait dans des tristesses profondes. M. Pénoyée, docteur homœopathe, le guérit et lui donna sa fille en mariage.

Pourquoi ne court-il pas avec la même vitesse, à présent que les rails sont rétablis sur toute la ligne? pourquoi *les Belles de nuit,* — *le Tueur de tigres,* — *le Champ de bataille,* — *la Forêt-Noire,* — *le Capitaine Simon,* — *la Sœur des fantômes,* — *la Fée des Grèves,* — *le Château de velours,* — *le Jeu de la mort,* — *les Parvenus* — *et le Paradis des femmes,* publié tout récemment dans la *Presse,* n'ont-il pas eu le retentissement de ses premiers livres? pourquoi les drames, tirés tout vivants de cette multitude de volumes, n'ont-ils pas réussi au théâtre?

Certes, on ne soutiendra jamais que Paul Féval ne soit pas un écrivain de talent.

Mais il a fait fausse route Et, Dieu

merci, comme il est assez jeune pour
rebrousser chemin, nous ne craignons
pas de lui parler avec une entière fran-
chise, et avec la certitude qu'il prendra
tôt ou tard une éclatante revanche.

Mon cher Soulié,

Je ne veux pas vous parler de votre exquise
bienveillance, c'est au contraire un nouveau
service que je vous demande. Il
me semble que le nom de Frédéric
Soulié ferait bien au frontispice
de mes œuvres. — Donnez moi,
je vous prie la permission de
l'y mettre en vous les dédiant
toutes et de tout cœur

mille fois à vous
Paul Féval

Dimanche

EMMANUEL GONZALÈS

Carey sc.

EMMANUEL GONZALÈS

Publié par Vve HAVARD   Imp. Hallergue r. du Four S.G. C.

EMMANUEL GONZALÈS

Ceux qui abordent pour la première fois le sombre fantaisiste, que le *Siècle*, depuis tantôt vingt ans, abrité sous les larges ailes de sa publicité, ne manquent pas de lui adresser la question suivante :

— Vous êtes Espagnol, monsieur Gonzalès ?

Et Gonzalès tressaille, comme si la même guêpe le piquait pour la centième fois.

Granville, dans son amusante galerie des célébrités contemporaines, le représente drapé du large manteau biscayen. Le *Charivari*, le *Figaro*, toutes les feuilles légères ont déclaré qu'il était Andalou de naissance, et nous avons entendu l'ancien plieur de bandes de la *Caricature*, trompé par ces informations inexactes, s'écrier sur un ton de douleur :

« — Conçoit-on que M. Dutacq ait choisi un Espagnol pour rédiger un journal si français? »

Il est temps de combattre une erreur sérieuse, et qui s'est infiniment trop prolongée.

Par son nom de famille, par la sécheresse et par la longueur de sa personne, par ses moustaches retroussées en crocs pointus, par le plan de ses livres, dont l'action presque toujours se passe en Espagne, par ses personnages mêmes, éternellement pris dans la race des hidalgos, par les violentes et sinistres péripéties de ses drames, Gonzalès est Espagnol.

Mais, par les registres de l'état civil, dont le témoignage est irréfragable en matière biographique, il est Français, tout ce qu'il y a de plus Français.

L'auteur d'*Ésaü-le-Lépreux* et du *Vengeur du mari* est né à Xaintes, le 25 octobre 1816.

Toutefois, c'est un Français doublé de Castillan. Sa généalogie ne remonte pas, comme plusieurs l'affirment, à Fernand Gonzalès, premier roi de Castille ; mais il descend de l'une des douze familles de

Monaco, anoblies par Charles-Quint. La tour de Saint-Roman portait encore, en 1824, l'écusson de ses ancêtres.

Nous verrons bientôt pourquoi ce monument héraldique n'existe plus.

Le jeune Emmanuel fut élevé à l'hôpital militaire de Nancy, dont son père, le docteur Charles Gonzalès, était médecin en chef.

Il fit ses études au collége de cette ville, obtenant avec une régularité merveilleuse les premières places en version comme en histoire, et les dernières en mathématiques.

Emmanuel possédait un talent, que lui enviaient toutes les demoiselles de la capitale de la Lorraine.

A l'âge de dix ans, il lutta sur le piano

de la manière la plus victorieuse avec le jeune Thalberg, qui fut obligé d'aller chercher ailleurs qu'à Nancy des admirations pour son habileté précoce.

Notre héros, satisfait de ce premier triomphe, laissa de côté l'harmonie musicale, pour ne plus s'occuper que de l'harmonie du style.

Ceci nous explique pourquoi Thalberg devint un virtuose célèbre.

Il n'avait plus de rival.

Donc, sur les bancs de la cinquième, nous trouvons déjà Gonzalès rêvant la gloire littéraire. Avec ses camarades de classe il fonda une académie puérile, où l'on décernait des prix de littérature et de pugilat, fait extrêmement curieux, qui caractérise l'époque.

On commençait à donner le signal du mouvement révolutionnaire contre l'école classique.

Chacun prévoyait que, dans cette lutte, on aurait besoin de passer la jambe à l'ennemi et de lui caresser le nez du talon.

La boxe et le romantisme eurent le même berceau.

Nos jeunes académiciens tenaient séance dans un grenier, dont ils avaient tendu les murailles de calicot rouge.

Attirées par l'éclat de cette décoration, sur laquelle tombaient élégamment des guirlandes de feuillage, les bonnes de nos marmots accouraient en foule, curieuses de les voir s'exercer dans l'art de la savate et de l'éloquence.

Un soir, au milieu de ces pompes gymnastiques et littéraires, le plancher du grenier s'écroula.

Gonzalès, en ce moment terrible, occupait le fauteuil[1].

Président, académiciens, spectatrices et spectateurs tombèrent l'un par-dessus l'autre dans la salle à manger de paisibles bourgeois qui prenaient leur café. Ce ne fut heureusement la mort de personne ; mais l'académie ne s'en releva plus.

Emmanuel et son intrépide bureau ne perdirent cependant pas courage.

Le grand littérateur d'Arlincourt venait de publier le *Solitaire*, et l'on n'i-

[1] Il préludait, dès lors, aux fonctions illustres de vice-président de la Société des gens de lettres, qu'il devait exercer par la suite.

gnore pas que, de son autorité privée, cet écrivain ressuscite le duc de Bourgogne, tué sous les murs de Nancy même, et englouti avec son armée dans l'étang Saint-Jean.

M. d'Arlincourt n'accepte pas ce point d'histoire.

Son héros, ce personnage fantasque, apparaissant en tous lieux et disparaissant comme un esprit, n'est rien autre que Charles-le-Téméraire, et l'on comprendra sans peine l'effet de ces pages déplorables, lues par notre collégien.

De la fenêtre de sa chambre, Emmanuel apercevait l'étang Saint-Jean.[1]

La lecture du *Solitaire* produisit sur

---

[1] Cet étang n'existe plus. On l'a desséché pour construire sur le terrain qu'il occupait l'embarcadère du chemin de fer.

son imagination romanesque un effet
analogue à celui que la lecture d'*Amadis de Gaule* opéra jadis sur la cervelle
de don Quichotte.

Il pria l'infirmier de son père de lui
fabriquer une lance quatre fois plus
haute que sa taille, arma chevaliers tous
nos académiciens déchus et s'en proclama le chef.

Une fois la troupe sous le harnais, le
Solitaire ou Charles de Bourgogne, représenté par Gonzalès, commande résolûment l'attaque nocturne des vedettes
de l'hôpital, de celles de la porte Saint-
Jean et même de la caserne de cavalerie.

Les soldats rirent beaucoup de l'audace de ces combattants mirmidons. Ils
ne leur égratignèrent pas un homme.

Enhardie par l'impunité, la troupe chevaleresque s'échauffe, pratique une brèche dans la palissade du jardin fruitier des religieuses de l'hôpital, et notre Téméraire, avec sa lance, charge impétueusement une recrue alsacienne, peu initiée à la stratégie pour rire de M. d'Arlincourt, et qui eût embroché net le duc de Bourgogne, si celui-ci ne lui eût jeté sa grande lance au travers des jambes, tout en ayant recours à une retraite prudente et précipitée.

Cette aventure quasi-tragique amena la dissolution de l'armée de Charles-le-Téméraire.

On porta chez le commissaire de police la lance du héros.

Toutefois on n'assembla pas de conseil de guerre. Les parents du coupable furent chargés de la sentence et de l'emprisonnement.

Le docteur Charles Gonzalès, afin de prévenir le retour des déportements belliqueux et enthousiastes de son fils, l'expédia chez son grand-père à Monaco.

Dans cette principauté microscopique, Emmanuel acheva de révéler ses instincts perturbateurs, et mit aux abois le gouvernement du lieu, démarrant les bateaux de la douane pour aller à la recherche d'îles inconnues, coupant les filets de pêche, et ne revenant au palais que pour y rafraîchir avec des arrosoirs, par simple bonté d'âme, assurait-il, les malheureuses sentinelles qui cuisaient au soleil italien.

Moins jeune, il eût assurément détrôné le prince.

Ne le pouvant pas alors, il se contenta de mutiler et de réduire en poudre avec l'ardeur farouche d'un jacobin le blason de sa propre baronnie.

Voilà pourquoi les armes des Gonzalès n'existent plus sur le fronton de leur palais de Monaco.

Sa mère, après ce trait de vandalisme, fut obligée de le ramener en Lorraine, au grand désespoir des professeurs du collége, et à la plus grande joie des vauriens de son espèce.

Tout à coup néanmoins, et comme par miracle, ce mauvais sujet de premier ordre devient un élève studieux, grave, assidu, méditant l'histoire romaine, et faisant ses délices des harangues de Cicéron contre Verrès.

On remarque surtout ces phénomène:

chez les enfants doués d'une imagination vive.

La folle du logis cesse de vagabonder au dehors, ne cherche plus les scènes de tumulte, se replie sur elle-même et s'exalte en silence par les rêves ou par la lecture.

Emmanuel, en seconde, cachait dans son pupitre les romans de *Cinq-Mars* et de *Han d'Islande*.

Dès cette époque, nous le voyons se livrer à l'enfantement littéraire et publier des nouvelles dans le *Patriote de la Meurthe*, sous les pseudonymes d'Augustus Stewart et de Henri Royer.

Sa famille ignorait ces exercices de plume. Le docteur Gonzalès n'eût pas entendu raison sur les fantaisies d'écri-

vain de monsieur son fils, qu'il destinait au barreau.

Le Roi des Raffinés, que le jeune
homme publia clandestinement au sor-
tir du collége, lui attira les éloges de
Loëve-Weimar, qu'une passion très-vive
avait alors amené en Lorraine[1]; mais le
Patriote de la Meurthe perdit presque
aussitôt son jeune feuilletoniste.

Emmanuel fut envoyé à Paris pour en-
tamer ses études de jurisprudence.

Mince, roide et long comme un peu-
plier, la tête couverte d'une luxuriante
chevelure noire, dont une partie très-no-
table a disparu, depuis, sous la flamme

[1] *Thécla*, dans la *Revue des Deux Mondes*, est
l'histoire de cette passion, écrite par Loëve-Weimar
lui-même.

dévorante de l'inspiration, les lèvres or-
nées déjà de sa moustache en crocs, et
couvert d'un ample manteau jeté sur
ses épaules à la mode espagnole, Don
Gonzalès entra fièrement à Paris sans la
moindre escorte[1].

Mais, au lieu de suivre les cours de la
Faculté de droit, il se mit à la recherche
des jeunes et fervents apôtres des Muses.

Nous l'avons dit ailleurs, c'était l'époque des cénacles.

Emmanuel n'alla point frapper à la
porte de celui dont Théophile Gautier,
Arsène Houssaye et Gérard de Nerval
étaient membres.

Ce créateur d'une académie resta fidèle à la gloire de son passé.

[1] Gonzalès a joué toute sa vie au Castillan; néanmoins, il se fâche tout rouge, quand on le dénatura-
lise.

Il s'entoura de fidèles compagnons, qui tôt ou tard devaient être plus ou moins célèbres, et fonda un cénacle tout neuf, rue Saint-Hyacinthe-Saint-Michel, dans une aile du vieux palais des Stuarts.

Là se réunirent autour de lui le très-haut et très-docte critique de la *Presse*, Paulin Limayrac (madame Sand, plus juste que nous, vient de lui octroyer, dans ses *Mémoires*, un brevet de génie), Molé-Gentilhomme, Eugène Labiche, Édouard Thierry, Ferdinand Dugué, Hippolyte Prévost, et quelques autres.

Toute la bande fit ses premières armes dans des revues fugitives, comme l'*Essor*, le *Chérubin*, la *Revue de France*, la *Revue du Théâtre* et le *Juif errant*, qu'Emmanuel fonda.

Hippolyte Lucas, Jules Belin et Au-

guste Lireux vinrent bientôt fortifier la
phalange.

Appuyés sur cette incontestable ma-
xime : « L'union fait la force, » nos
jeunes littérateurs établissent entre eux
une sorte de communisme littéraire. Il
est décidé, par exemple, que chacun
d'eux écrira dans la *Revue du Théâtre*
un chapitre d'un ouvrage intitulé *le Bec
dans l'eau.*

Ce titre, évidemment anti-bachique,
semblerait faire l'éloge des membres du
cénacle, sinon comme talent, du moins
comme tempérance.

Après avoir exploré le domaine des
petits journaux, Emmanuel Gonzalès et
Molé-Gentilhomme croisèrent fraternel-
lement leur plume, et firent paraître

deux romans en collaboration, *le Roi des Rossignols* et *Manon-la-Dragonne*.

Le premier de ces livres eut un succès incontestable. Il se distingue surtout par une grande verve de style.

En ce bon temps littéraire, madame Mélanie Waldor, fille de l'académicien Villenave, ouvrait un cercle éclectique, où se coudoyaient la vieille et la jeune littérature.

On y encensait Alexandre Dumas et Alphonse Karr.

D'innombrables cotillons de lettres, à l'âme tendre et délicate, mais au visage entièrement dépourvu de charmes, y exhalaient leurs soupirs poétiques, en vers sans césure.

Nous ne comprenons pas dans la foule

madame Anaïs Ségalas, véritable reine
de poésie et de beauté.

Pongerville, de l'Académie française
y lisait des traductions de Virgile à sit
Henri Berthoud, et celui-ci, alors directeur du *Musée des Familles*, recevait
majestueusement les hommages des jeunes écrivains qui aspiraient à remplir,
année courante, trois ou quatre de ses
colonnes, à raison de *deux sous* la ligne.

Il était impossible de voir une réunion
plus aimable.

Seulement Emmanuel Gonzalès et trois
de ses amis intimes n'arrivaient que fort
tard, juste au moment où les académiciens prenaient leur parapluie et chaus-
saient leurs socques.

Nos quatre retardataires avaient leurs
raisons pour cela.

— Quelles raisons? demanderez-vous.

Ah! c'était l'heure divertissante. Ces
dames déposaient leur couronne d'anges
égarés sur la terre. Elles roucoulaient
de plaintives élégies, donnant l'essor
aux aspirations de leur cœur affligé du
vide, et s'envolant (surtout les plus lai-
des) vers les régions du sentiment et de
l'amour tendre.

Il ne faut pas demander où Gavarni a
trouvé le type de ses *Bas-Bleus*.

Car le célèbre dessinateur était un des
trois profanes qui assistaient avec Gonzalès, par curiosité simple et pour les
tourner en ridicule, à ces curieux épi-
sodes du salon de madame Mélanie
Waldor.

Le second ami de Gonzalès, Edmond

Texier, maintenant grave rédacteur du
Siècle, riait aux larmes dans un coin.

Pour le troisième....

Eh! mais le troisième est un saint,
chers lecteurs. Jésus! ne demandez pas
son nom.

Voyez un peu, voyez où nous conduit
cette maudite histoire contemporaine.
Le troisième, nous n'en parlerons pas [1].
Restons-en, s'il vous plaît, à Gavarni, à
Texier et à Gonzalès.

Ces messieurs reconduisaient, vers
deux heures du matin, toutes ces dames,
jolies ou autres.

Puis, au lieu de rentrer paisiblement
dormir, nos quatre.... c'est-à-dire nos

[1] Excepté toutefois dans la notice qui lui sera con-
sacrée.

trois démons s'amusaient à carillonner aux portes, comme des écoliers tapageurs, à décrocher les enseignes, à réveiller les sages-femmes, à faire lever les médecins pour les conduire à la barrière tâter le pouls aux commis de l'octroi.

Ils ne respectaient rien dans leurs escapades.

Cent fois on les a vus se proposer comme cicerone officieux aux personnes du sexe féminin, que les bals masqués ou le hasard jetaient à pareille heure dans les carrefours.

O scandale!

Notez que la retenue qui nous caractérise nous fait omettre des péchés bien plus graves.

Et pourquoi les révéler? nous dira-t-on.

Parce que nous sommes contraire à l'avis de ceux qui affirment qu'un bon *meâ culpâ*, bien sonore et bien doublé de repentir, efface tout.

Faites pénitence, morbleu! faites pénitence! humiliez votre front sur les dalles chrétiennes, rasez-vous la tête, entrez dans un cloître; mais ne montez pas en chaire, mais ne soyez point assez audacieux pour trancher de l'apôtre, mais ne prêchez pas en plein vent ceux qui savent tout.

Cette boutade a beau ne pas sembler à sa place, elle était indispensable.

Revenons à la littérature.

Le *Siècle* et la *Presse* se fondaient à
grand bruit. Girardin fit appeler Gonzalès et manifesta le désir d'exploiter
son nom propre.

Toutes les idées d'industrialisme et de
rouerie sont en germe dans le cerveau
d'Émile.

— Vous allez, dit-il au jeune homme,
nous faire des articles sur la situation de
l'Espagne.

— Y songez-vous? répond Emmanuel.
Je ne sais pas un mot de politique.

— Raison de plus pour traiter la matière. Vous ne ressemblerez à personne.

C'était concluant.

Gonzalès, effrayé d'abord, se figura
que, pour écrire ce genre d'articles, il

ne fallait qu'un peu d'aplomb. D'ailleurs,
Émile devait le savoir mieux que tout
autre.

Un premier article parut, grave, em-
pesé, solennel.

On complimenta de tous côtés le jeune
rédacteur. La signature était d'un effet
merveilleux, et les abonnés, se croyant
éclairés par un homme compétent, dé-
voraient la question espagnole.

Une querelle subite brouilla fatale-
ment notre héros avec le rédacteur en
chef, sans quoi Gonzalès serait aujour-
d'hui un de nos premiers écrivains po-
litiques.

Le *Siècle* ouvrit ses portes au transfuge
de la *Presse*, et Louis Desnoyers, direc-

teur du feuilleton, publia la nouvelle
de *Gracioso*.

Sous ce titre suave se cachait un drame
plein d'horreurs.

Vinrent ensuite, dans le même journal, *les Mignons de la lune*, — *Giangur-
golo, ou l'Amoureux de la reine*, — *le
Briseur d'images*, — *le Guap*, — *l'Épave
de la Tremblade*, — et *le Tailleur de
Leyde*[1], œuvres plus dramatiques encore, plus sombres, plus sinistres, mais
remplies de mouvement et de qualités
attachantes.

Publiées successivement, et, pour ainsi
dire, sans relâche, elles obtinrent une
réussite complète, ce qui n'empêcha pas

[1] Toutes ces nouvelles ont été réunies en deux volumes par l'éditeur Gabriel Roux, sous ce titre général :
le Livre d'amour.

l'auteur de laisser en chemin *le Tailleur de Leyde.*

Cette espièglerie, de ne point achever ses livres, Gonzalès la renouvelle un peu trop souvent pour qu'on la lui pardonne.

Journaux, abonnés et libraires attendent encore aujourd'hui la suite des *Mémoires d'un ange,* des *Francs Juges* et du *Vengeur du mari* [1].

[1] En fait d'ouvrages de longue haleine, Gonzalès n'a terminé que *les Frères de la côte, les Sept Baisers de Buckingam* et *Esaü-le-Lépreux.* Ce dernier livre, publié dans la *Patrie,* a obtenu beaucoup de vogue en 1848, malgré la république et les troubles de la rue. Voilà qui répond d'une manière victorieuse aux arguments de Paul Féval. A toutes les époques, les succès littéraires sont possibles. Nous avons entendu M. Delamarre lui-même affirmer que, les jours où il ne donnait pas le feuilleton d'*Esaü-le-Lépreux*, il vendait

Est-ce négligence, système ou paresse? Il y a, nous le croyons, un peu de
ces trois choses. Emmanuel est douce-
ment ému par le concert d'imprécations
des abonnés qui demandent à grands
cris la fin de ses livres.

Cela flatte son orgueil.

Il s'endort, comme un Castillan flâ-
neur, sous l'oranger fleuri de sa gloire, et
plus il soulève de plaintes, plus il est
heureux.

De telles fantaisies ont leur péril, et
nous ne voyons pas ce qui empêche

quinze mille numéros de moins. En conséquence, il
voulut qu'on étriquât le feuilleton de théâtre, afin de
pouvoir, même le lundi, servir aux abonnés deux ou
trois colonnes de cette littérature friande. (Cela dut
flatter médiocrement Jules de Prémaray.) Pour *les
Sépt Baisers de Buckingam*, Gonzalès eut la collaboration de M. Moléri.

les abonnés du *Siècle* de citer Gonzalès
en police correctionnelle.

Ils seraient complétement dans leur
droit.

Le Bec dans l'eau, titre inventé jadis
par Emmanuel, peint ironiquement la
situation dans laquelle il laisse ses lecteurs.

De pareilles fantaisies de la part d'un
écrivain ne sont point permises, et doi-
vent être justiciables des tribunaux.

M. Dutacq emmena Gonzalès avec lui
à la *Caricature*. Il le nomma rédacteur
en chef et lui donna pour collaborateurs
Balzac, Alphonse Karr, Louis Desnoyers,
Léon Gozlan, Eugène Guinot, Théophile Gautier, Alexandre Dumas,
Édouard Ourliac et Taxile Delord.

La société, comme on le voit, était nombreuse, spirituelle et choisie.

Gonzalès voulut que le nouveau journal fît une guerre ouverte aux sottises et aux ridicules du jour.

On ne manqua pas de sujets de rédaction.

Sous cette rubrique, *les Grelots de Paris*, le rédacteur en chef décochait lui-même une foule de traits de satire contre les sots fastueux, les financiers, les lions à la mode, et contre toute la gent littéraire, artistique et théâtrale. Ce furent les *Grelots de Paris*, articles incisifs et pétillants, qui inspirèrent à Alphonse Karr l'heureuse idée de ses *Guêpes*.

A la même époque, Emmanuel faisait

jouer aux Variétés et au Palais-Royal trois ou quatre bluettes fort amusantes.

Le romancier lugubre donnait dans la littérature légère et s'en acquittait au mieux; le sombre et le gai sont deux faces presque égales de sa nature.

On remarquait autrefois que, sous la plume de Benjamin Constant, le mot *énergie* revenait sans cesse.

Madame de Staël, qui aimait à sentir les forces et les jouissances de la vie, répétait *la vie* presque à chaque phrase.

Gonzalès aime le rose; il voit tout en rose, et le mot *rose* arrive à chaque instant sous sa plume. Il vous parle de nuages roses, de songes roses, de pensées roses, de destins roses, de projets roses, et, si notre mémoire est fidèle, il y a quelque part un de ses personnages qu'il a doué d'un cœur rose.

Or, ceci nous rappelle une anecdote tragico-rose, dont sa biographie doit faire mention.

Tout en rédigeant la feuille de M. Dutacq, il envoyait au *Figaro*, sans les signer, des notices passablement agressives, où il traçait à sa manière le portrait des illustrations modernes.

Cela s'appelait : *Galerie des Grands Hommes en miniature.*

Gonzalès dirigeait ses attaques avec le sans-gêne chevaléresque et l'étourderie bruyante qui le distinguaient autre-

fois dans son rôle de Charles le Téméraire.

Flânant un jour sur l'asphalte, le long
du boulevard des Italiens, il sent un
bras qui s'appuie sur son épaule.

Il se retourne et voit Roger de Beauvoir.

— Parbleu! mon ami, je te cherche
depuis une heure, dit Roger. Sais-tu la
nouvelle?

— Non. De quoi s'agit-il? demande
Gonzalès, riant dans sa barbe, et devi-
nant ce dont il allait être question.

— Je ne conçois pas que tu ne saches
rien encore. Aujourd'hui, ce matin
même, le *Figaro* nous éreinte, toi et
moi.

— Bah? dit avec un flegme héroïque
l'auteur anonyme des *Grands Hommes
en miniature*.

— Tu comprends que le duel ici devient inévitable. Je me bats le premier.
Si je succombe, tu prendras ma place.

— Allons donc! voilà qui est de toute
impossibilité! crie Gonzalès en éclatant
de rire.

—Hein?... me désapprouves-tu?... Où
est l'obstacle?

— L'obstacle... c'est qu'on se bat dif-
ficilement contre soi-même... Ah! si fait,
on peut recourir au suicide... L'exiges-
tu?... Pour une peccadille de ce genre,
ce serait dur. Tu vois en ta présence
l'auteur de l'article.

Roger de Beauvoir fit un bond terrible.

Son œil lança des éclairs ; il serra les
poings d'une façon très-alarmante et tout
à fait tragique.

L'article était réellement d'Emmanuel.

Voyant arriver son tour et le moment
de suspendre sa miniature dans la *Galerie*, il n'avait pas voulu se ménager
plus que les autres, et s'était accolé,
dans le même cadre, un ami intime,
dont il avait tracé la physionomie avec
le même pinceau et les mêmes cou-
leurs.

— Corbleu! s'écria de Beauvoir, dont
le visage était blême et dont les lèvres

tremblaient convulsivement, nous allons...

Il s'arrêta.

Gonzalès avait tant de naïveté dans son calme, et nous dirions presque tant d'innocence, que Roger honteux lui serra la main et continua sur un ton beaucoup plus doux :

— Nous allons dîner ensemble...... Bah ! cela vaut mieux !

— Tu as raison, dit Gonzalès. Dîner aujourd'hui, ou déjeuner demain, c'est absolument la même chose.

Ils s'embrassèrent, et l'on ne parla plus du *Figaro*.

Las du journalisme, Emmanuel prit une grande résolution de travail, et voulut asseoir enfin sa réputation de ro-

mancier sur des bases solides. Il publia
la première partie des *Frères de la côte*,
transportant tour à tour le lecteur au
milieu des forêts vierges de l'Amérique
ou sur le sol de l'amoureuse Espagne.
Le pittoresque des mœurs sauvages, les
exploits inouïs des flibustiers des An-
tilles, un récit toujours vif, une couleur
toujours éclatante, une multiplicité d'é-
pisodes remarquables donnent à cet ouvrage une physionomie particulière au
milieu des productions contemporaines.

Les Frères de la côte furent repro-
duits par tous les journaux de province
et traduits en quatre langues.

Cependant on reproche à Gonzalès d'y
avoir fait jouer à un crocodile un rôle
beaucoup trop important.

Son admiration pour certaines bêtes dépasse les limites permises. Il a prêté des sentiments héroïques tantôt à une meute de dogues, tantôt à un aigle, tantôt à un serpent.

Nous croyons que les animaux sont mieux logés dans les Fables de La Fontaine que dans le roman moderne.

Après le succès des *Frères de la côte*, Emmanuel éprouva le besoin de se reposer d'un effort littéraire, immense pour sa paresse.

D'abord il voulut visiter l'Italie.

Trois de ses amis s'offrirent à l'accompagner dans ce voyage ; ils s'appelaient Labiche, Leveau et Lecerf.

Devant cette incroyable association de

noms de famille, Gonzalès recula, songeant avec effroi aux fréquentes exhibitions de passe-ports, exigées le long de la route.

L'idée seule que les gendarmes ou les commis de la douane pouvaient le croire attaché au service d'une ménagerie, le fit renoncer au projet de traverser les Alpes. Il se borna modestement à l'ascension de la colline de Montmorency. Nouveau Jean-Jacques, il eut là son ermitage et ses amours.

Mais nous laissons à notre auteur, si jamais il écrit ses *Confessions*, le soin de raconter le joli roman qu'il dénoua sous les ombrages de la poétique vallée.

Rien n'y manque, le mariage est au bout.

Madame Gonzalès est une femme accomplie, une perle rare, que la société parisienne la plus élégante s'est empressée de conquérir pour son écrin.

Sous prétexte de lune de miel, monsieur son époux continua de se reposer indéfiniment.

Toutefois, aiguillonné par Anténor Joly, qui n'exerçait pas avec Paul Féval seul son métier de commissionnaire en littérature, il écrivit pour le Courrier-Français les *Mémoires d'un ange.*

Au coin du foyer conjugal, madame Gonzalès lui avait sans doute raconté ses souvenirs.

Emmanuel ne demande qu'à s'enterrer dans son bonheur.

S'il n'est pas avide d'argent, comme on l'affirme, il n'est pas non plus avide de gloire, surtout quand elle s'achète par le travail.

Il surmontera peut-être sa paresse un jour [1], et ce qu'il y a de rassurant pour les œuvres qu'il nous réserve encore, c'est qu'il a plutôt à modérer et à châtier qu'à acquérir.

Après vingt ans de métier, peu de littérateurs en sont là.

[1] Nous l'y exhortons très-sérieusement. Déjà des bruits fâcheux d'exploitation littéraire à la Dumas sont parvenus à nos oreilles. Fi! Gonzalès est incapable de mettre le pied dans cette fange. Nous ne croyons pas à la *Pipe turque*. Du reste l'auteur lui-même, dans le second chapitre de la nouvelle, annonce qu'il en a emprunté les principaux éléments au conteur russe Pawloff. Donc les bruits qu'on a fait courir sont calomnieux.

Qu'il dompte son imagination au lieu
de lui lâcher la bride, et qu'il s'applique
à purger son style d'une richesse trop
exubérante, au lieu de chercher la force
et les effets nouveaux.

Dans son cabinet de la rue de Bréda,
notre Français-Espagnol est superbe à
voir, surtout les jours où il enveloppe
sa longue personne d'une fastueuse robe
de chambre en velours violet, fermée
par un cordon tissu d'or et de soie.

Sous ce costume, avec sa lèvre sou-
riante et son œil bon enfant, il a l'air d'un
roi sans façon.

Des babouches orientales, couvertes
de riches arabesques, chaussent son pied
illustre, et une toque brillante, d'une

petitesse fabuleuse, brodée par les blan-
ches mains de madame, couvre son chef
à la Cervantès.

Emmanuel est constamment chez lui.

Ce n'est point qu'il y travaille. Il s'a-
bandonne aux douceurs éternelles d'une
flânerie rêveuse, et regarde, tout un
jour, le soleil qui poudroie dans les
fentes de ses rideaux, ou qui vient
jouer sur les rosaces du tapis.

Dans son caractère, aucune trace de
suffisance, aucune jalousie de métier.

Sur l'honneur, c'est le premier écrivain que nous ayons vu reconnaître
franchement, loyalement, sans restric-
tion, le talent de ses confrères. Il sait
définir à merveille la nature de leur mé-

rite, les beautés ou les défauts de leurs œuvres.

Gonzalès ferait un excellent critique, s'il ne lui manquait pas les deux qualités essentielles de la profession : le pédantisme et l'envie.

FIN.

PARIS. IMPRIMERIE WALDER, RUE BONAPARTE, 44.

On n'accueille la supériorité chez les femmes qu'à titre
d'exception; — et on ne l'admet que dans les arts, les
purs agréments, dans ce qu'on ne regarde comme des jeux
frivoles d'esprit.

On a souvent contre les hommes de club et de Cénacle,
les hommes ay vient ont plus banaliser le Cours, qui se fait
de ses progrès pénibles; — et feignant de le croire
inaptitude de sa part de la question des modes nécessaires,
qu'ils veguestout dans le côté et le métier enseila
Forte.

Toutes les femmes ont assez d'esprit un peu poètes,
d'imagination; assez peu de Cours, si implicitant fier par
l'effort; dans sortes dans bien à elles; dans d'esciers
de notre faim; nous les très enseignons, elle négligent
à leur professeurs.

(Emmanuel Gonzales)

Imp. Lith. de V. Janson, rue Dauphine, 18

www.ingramcontent.com/pod-product-compliance
Lightning Source LLC
LaVergne TN
LVHW050639090426
835512LV00007B/939